CW00520121

Despierta

Marina Díez

ISBN-13: 978-1978347786

ISBN-10: 1978347782

PRO   EPI LOGOS

(por)

Te quiero Revoltosa,
Llegaste como una mariposa
Buscando libertad, entre otras cosas,
Te diste cuenta
Que hay que luchar
Con tu sonrisa hermosa.
No tengas miedo, nunca
Estarás
Sola
Somos muchos los que estamos en la sombra,
[esperando]
Tu señal.

Te Escucho

~~No~~ tenemos voz

       Sí, ayudas ~~in~~suficientes

       Y la sociedad ~~no~~ reacciona

       ~~No~~ nos ven

       Escuchad (nos)

       ~~Dad~~ nos voz

       ~~Frenad esta~~ barbarie

Que ~~no~~ entiende ~~ni~~ de edades, poder adquisitivo o cultura

       No~~s~~ puede tocar cualquiera

(No)   somos cualquiera

Somos

Y ~~estamos~~ entre vosotros

En ese limbo de ~~intentar sobre~~vivir.

Clara Antúnez

-Índice-

KY

Peldaño a peldaño

Sola

No valen

<II>

Sexo

Soy alguien

Perfil

Objeto

Existiendo

No vale la pena

¡Vaya suerte!

Escúchame

A veces,

      me gustaría no tener

      que ser tan valiente

y ser más libre:

Salir a la calle

sin mirar a los lados,

sentarme en un bar

de espaldas a la puerta,

pasear por donde antes

caminaba tranquila

sin que el corazón esté

a punto de estallarme.

No me consuela la idea de seguir ¿viva?

resisto a medias,

me aterra pensar en todas las mujeres que estamos así

en el limbo de la muerte en vida.

No se nos ve,

       ni se nos escucha

       ni siquiera somos cifras en las noticias

       no nos hemos muerto,

       no nos han matado

nuestras atrocidades en carne y alma no cuentan

no hay datos

dan igual las denuncias

escasas

(no todas llegamos, no nos atrevemos

Total, ¿para qué?)

no importa que esos animales,

porque permitidme la licencia, desde luego personas no son,

continúen con sus vidas como si nada,

repitiendo el patrón

¿o sí?

un día, ya es tarde

y llega la cifra,

una mujer menos,

una cifra más...

y nada cambia.

No tenemos voz,

        sí ayudas insuficientes

        y la sociedad no reacciona,

        no nos ven.

        Escuchadnos,

        dadnos voz

        frenad esta barbarie

que no entiende ni de edades, poder adquisitivo o cultura,

nos puede tocar a cualquiera

somos cualquiera

y estamos entre vosotros

en ese limbo de intentar sobrevivir

con el terror pasado y el presente-futuro incierto

atado a los hilos de un demente

y sus fábulas recreadas en un cuerpo vivo,

el mío, el tuyo, el de ella,

aferrándonos a una vida

en la que, sinceramente, aunque luchemos,

vivimos a medias.

Pesadilla

Fuiste un sueño real

del que desperté

cuando te convertiste en pesadilla.

Todas tus caricias,

sonrisas

y miradas

se convirtieron en reproches.

Esos brazos, en los que me encantaba perderme,

se transformaron en los barrotes

de una jaula;

la creía hogar.

Ya no

Ya no te reconozco en tu mirada.

Veo tu sonrisa tan pícara, como siempre,

pero ahora sé que es fachada.

Me pides perdón

por algo que no se puede olvidar.

Me rompiste en tantos pedazos,

que ya no queda nada

de la que tú conociste.

Todo lo que toca

Todo lo que toca, se marchita,

roza la idea en su mente y se vuelve gris.

Todo lo que toca, sufre,

él acaba herido, también.

Todo lo que toca,

lleva el rencor de su alma,

el hielo de su corazón

y la mala idea de su mente.

Por eso, todo lo que toca,

-todosi no se aparta, se avejenta.

Pretendí ayudarle,

amarle,

no alejarme;

todavía hoy coso cicatrices de mi alma,

que, por momentos, aún, se refleja gris.

Quererte es correr por un laberinto sin salida

Se me olvidó dejar señalizadas

las salidas de emergencia

y, ahora, no hago más

que dar vueltas y vueltas

intentando alejarme de ti,

consiguiendo solo encontrarte

en cada huida.

No quererte, viéndote,

es como correr por un laberinto de setos,

en el que el tiempo

hizo que creciera maleza

en la única salida.

Solo puedo sentirme libre

mirando al cielo.

Camino del fin

Ilusión por una mirada.

Terror por una mirada.

Sonrisa y piel erizadas

por una caricia.

Dolor y escalofríos

por esa caricia.

La venda en los ojos

dibuja, además,

una daga en el cuello,

jaula del propio cuerpo

de un alma

que está muerta, en vida,

camino del fin.

Eso, a él

Agradécele

que anhele complacerte;

que, a un solo gesto, tengas todo cuando desees;

que sea aquello que necesitas.

Agradécele

que no me conozcas;

que tiemble, cuando necesite hablarte de mis deseos

o, peor aún, de mis necesidades;

que no sea capaz de confiar en ti.

Agradécele

cada explicación innecesaria;

las indecisiones;

la voz bajita

y el no hacer nada sin permiso.

Agradécele

que necesite desaprender

para luego poder aprender contigo;

que no aprenda a través de ti;

que piense que no me quieres,

al no controlarme;

que vea manipulaciones donde no las hay,

porque antes fueron chantajes.

Agradécele

quien soy,

pues no soy ni la sombra de lo que fui.

Agradécele.

Agradécele.

Agradécele.

Agradéceselo.

Lo siento

Siento pedirte, mi dinero,

para poder comprar;

siento querer ponerme un vestido

y que te guste más en chándal;

siento que tengas que burlarte cuando me maquillo,

porque estoy más guapa con la cara lavada;

siento tener que ir al funeral de un amigo

y no estar viendo cómo juegas a la *play*, en el sofá;

siento estar dormida, cansada y tener que abrirme de piernas, sin más,

cuando llegas, a las tantas, después de una noche de bar;

siento tener que salir a tomar un café, con mi amiga,

pues en casa no puede pasar;

siento no haberte avisado de la cola en el súper

que me hace tardar en regresar;

siento cargar solo con parte de tus problemas,

como si fueran míos, por no poder más;

siento ponerme mala

y no dejar las cosas, en casa, donde deben estar;

siento no actuar como te gustaría que lo hiciera;

siento cuando no estás;

siento tu larga lista de mis errores;

siento cuando te enfadas;

siento no decirte algunas cosas

para no hacerte estallar;

siento no poder ayudarte en las decisiones importantes

y yo solo acatar.

Lo siento.

Siento en lo que me has convertido

a base de transformar mi amor en miedo.

Lo siento.

Pero soy la víctima y no la culpable.

Lo siento.

De verdad.

TTS

Palabras de un policía:

¿te va a pegar un tiro en la cabeza?

¿qué te va a hacer?

no se atreverá

en una ciudad pequeña.

Cierras los ojos y

pum.

A lo mejor no.

Quieres vivir,

sal del portal mirando a los dos lados

antes de cerrar la puerta tras de ti,

siéntate en el bar mirando hacia la entrada,

pasea por la calle observando ambas aceras.

Mira, mientras paseas, los escaparates vigilando tu espalda,

aprende los locales abiertos y sus horarios hasta en festivo,

localiza siempre un lugar donde poder esconderte,

ten a mano y con batería siempre el móvil, con la marcación rápida,

y puede, que todo salga bien.

Son tus nuevas manías:

pura supervivencia.

Creerte libre y valiente en un acuario llamado ciudad,

eres afortunada, dicen,

y es verdad, antes tu mundo era un piso, una pecera.

Has ganado unos metros donde nadar.

Tu entorno:

¿qué te va hacer?

ya está más tranquilo,

no va a pasar nada.

Te relajas y boom,

te topas, cara a cara, con la realidad:

"solo tú sabes lo que soy capaz de hacer,

nadie te va a creer"

Nunca una sonrisa en la cara

dictó tal sentencia de terror en otra.

Dicen:

¿qué te va a hacer?.

No lo que quiera,

pero sí lo que pueda.

Así que procura que no pueda

y vive,

no por mí,

hazlo por ti.

Curtain

-Sssssh-

"¡Sonríe!

tenemos visita.

Prepara este hogar, de postal,

para que salga bien la función.

No vaya a ser que me enfades

y, cuando se vayan,

vuelva yo con las consecuencias de tus actos.

No cortes los hilos de marioneta.

Tus movimientos, tus palabras, tus pensamientos

deben salir de los míos

y lo sabes."

-Sssssh-

"Sé buena y todo irá bien.

Tranquila,

solo es una actuación más.

Pero cuidado"

       -Sssssh-

"No vaya a ser que sea la última".

KY

Nunca creí llegar a este extremo:

quiero que te mueras;

siento que, solo así, aliviaré el dolor que aquello me provocó,

el que me causas.

No veo otra salida.

O sigues caminando tú,

o camino yo.

Por favor,

en una de tus locuras, acaba contigo:

coge el coche y estréllate;

bebe tanto que camines por la calle sin conocimiento,

hasta que te derrumbes o te atropellen,

métete una raya que acabe con tu vida.

Hazte todo eso que tienes pensado para mí,

pero hazlo ya.

Muérete, (muérete tú,

así no soy yo.)

Peldaño a peldaño

No sé cómo no lo vi,

esa ironía dañina,

esos despistes a mala baba,

ese victimismo, al que arropé.

       No entiendo cómo soporté

       todos y cada uno de tus silencios,

       inmerecidos, a mis palabras

       y gestos.

              Comencé a sentirme pequeña,

              a quedarme sin voz ni aliento,

              sin sangre ante tus muecas.

              Tus insultos y amenazas anularon

              lo poco que quedaba de mí.

Fue entonces,

cuando ya no me afectaban tus palabras

y ya no me aferraba a la vida,

cuando los empujones, los golpes, los muebles

y la casa se te quedaban pequeños;

cuando comenzaste con el "les haré pagar",

dirigiendo tu odio enfermizo

hacia las pocas personas que seguían en mi mundo.

Y yo, pidiendo ayuda para ti,

-idiota de mí-

Entonces llegó el día,

vi la rabia en tu mirada,

temí, no solo por mi vida,

tus ojos eran fuego y miedo, a la vez.

Estabas fuera de ti,

ya no eras tú. No podía ayudarte.

Huí.

Me salvé a mí,

a ti,

a nuestra familia y amigos

a costa de llamada de auxilio y denuncia

que se convirtieron en la llave hacia la supervivencia.

Recorrimos, juntos, la escalera completa del maltrato,

llegamos al último escalón,

afortunadamente no lo sobrepasamos

y pude volver a subirla:

peldaño a peldaño.

Gracias a

policías;

trabajadoras sociales;

                              psicólogas;

                    familia;

            amigos.

        Al único real motor de mi vida.

Y a mí.

Sola

Te echo de menos y estás,

disfruto y no estás.

No eres aquel hombre del que me enamoré

y nuestro hogar es más bonito vacío

que contigo.

Me veo sentada en nuestra cama,

mirando la pared, inmóvil,

pensando en que admiro el hogar que creamos,

lo orgullosa que estoy de todas nuestras ilusiones cumplidas

lo feliz que sería con ellas,

pero sin ti.

No valen

La denuncia es falsa.

-Sí

Me gustan los dramas

y montarme películas.

Soy la mejor guionista de mi historia

      -O-

Claro,

no tendría otra cosa que hacer

que amargarle la vida.

Pobre,

mira que pasar la tarde en un calabozo,

y que yo qué hacía mientras:

nada.

Echar el rato llorando a esa mujer fría

que me interrogaba, como si fuera la verdugo de mi propio crimen.

Las mismas preguntas

una,

otra

y

otra

vez.

-Nada, no tenemos nada,

esos son problemas de convivencia.

Nada, no tenemos nada-

Seguimos preguntando

una,

otra

y

otra

vez.

Siempre lo mismo:

las mismas preguntas,

el mismo tono

y yo, mientras, qué hacía.

Justificarle;

protegerle;

pedir ayuda para él.

Y yo, mientras, que hacía:

pensar en no poder contarlo;

en tener a mi familia fuera escuchando;

la vergüenza y la pena de la situación

Y los *no hay nada.*

Otra vez las preguntas

una,

otra,

y

otra

vez.

Las mismas preguntas,

llega el abogado de oficio

y ayuda a orientarlas:

Parece que sí,

se ve algo,

aunque poca cosa

-Sí,

parece ser que sí.

Juicio rápido,

pero dónde está él:

en el calabozo.

Pobrecito, toda la noche

y tú mientras qué hacías:

llorar, dar explicaciones, llorar y más explicaciones.

Y él, dónde está,

en el calabozo, estás a salvo

por ahora.

Y tú, dónde estabas tú,

en la obscenidad más absoluta.

Perdida y sola,

aunque muy arropada.

Sí,

es verdad.

Compensa la película montada,

el circo de tu entorno

para llegar a esa orden de alejamiento,

que es lo mínimo que le debería ocurrir.

Pobre de él,

que ha pasado una noche en el calabozo.

¡No!

¡Basta!

Los ojos hinchados,

el cuerpo entero temblando,

el terror,

el no poder más,

se ven

y no hay mentiras que valgan.

Pobre, tú.

Valiente, tú.

Que tú qué hacías mientras:

sobrevivir.

\<II\>

No me quieres.

Me haces sufrir.

¿Por qué me dices eso?

Me odias, por eso lo haces.

-No puedo ni verte,

me das asco,

no te mereces mis palabras.

Te grito porque así me escuchas,

no lo entiendes si no es a golpe de mesa.

Lo hago por tu bien,

así aprendes.

¡Deja de llorar!

Mira:

te quiero.

      Flores.

-He pedido cena a domicilio

¿vemos una peli?.

Ahora déjate follar y

sigue creyendo en este cuento de hadas

en el que son más los días de rabia y angustia

y menos de fábula programada.

\<II\>

Pon pausa a la historia,

es la única manera de salir del círculo.

Siempre va a peor,

Siempre

      va

         a

            peor.

               Siempre.

Aún puedes elegir:

si salir con los

pies en el suelo,

o por delante.

¡Reacciona!.

Sexo

Me dueles.

Hasta mi cuerpo, más consciente de ti que yo,

se resiste.

Ya no sé lo que es volar

y eso que me sobran mariposas,

y a ti actos,

porque no se le puede llamar amor

a lo que hacemos:

uno por costumbre y otro por necesidad.

Puede que sienta cariño por ti

y tú necesidad de confirmarte dueño,

pero ya no hay deseo.

Soy alguien

Soy despistada,

de eso te serviste

o me desorientaste, aún más.

Cogiste mis sueños e ilusiones

y los dibujaste imposibles,

ante mi ineptitud según tus ojos.

Poco a poco, me fuiste pincelando

pequeña,

mediocre,

inservible

y afortunada de tenerte a mi lado.

Si no ¿qué iba a ser de mí?

¡Ya ves!

No puedo hacerlo sola:

te necesito.

Me hiciste dependiente

para luego reprocharme el serlo.

¡Idiota!

Resulta que sí puedo,

y que sí sirvo.

Estoy creciendo a medida que me alejo de ti

y de tu rencor,

del miedo que me enfundabas,

de tus prohibiciones y apariencias.

Fíjate: incluso ahora que brillo,

todavía me veo dependiente,

necesito personas a mi lado

que asientan con la cabeza

mostrándome un *continúa*.

Afortunadamente estoy desaprendiendo nuestro camino

y soy conocedora de los pasos que dimos.

Por suerte, tengo la oportunidad de aprender a vivir mi vida.

Mi vida.

Resulta que sí podía,

que soy más alguien sin ti

que contigo.

Y resulta que sí.

Que soy.

Soy alguien.

Soy:

yo.

Perfil

En realidad: ¿tienes amigos

o son marionetas a las que utilizar cuando te conviene?;

¿usas con ellos las mismas mañas que conmigo?,

nadie te ve,

¡Qué bueno eres!

Sí, un santo.

Tira de hilo,

úsalos a tu antojo, como hiciste conmigo.

A lo peor, se dan cuenta.

A lo mejor, sigues tu juego.

-Eso tiene explicación.

No, no la tiene.

¿Puedes justificar lo que haces?

Eres cruel y mezquino,

y si lo eres con aquellos, que se presupone

o dices, que quieres,

qué harás con aquellos que no.

Bueno, lo que haces;

porque con otros sí lo veo,

sí, lo vi.

Siembras el terror a tu paso,

-pero es por una buena causa,

son ellos los malos,

dices.

Hay amores que matan

y el tuyo lo hace.

¿Tienes la razón absoluta?

Sí, la tienes,

te la damos todos, sin atrevernos a contradecirte,

no vaya a ser.

Eres listo,

te sabes inteligente,

por lo menos, procuras serlo.

Declinas tu sabiduría de vez en cuando

-puede que tengas razón,

claro, ese es tu punto de vista-

no vayamos a cansarnos de, únicamente, alabar la tuya,

y aunque parezca que nos la das,

simplemente, la eludes.

¿Te arrepientes?

Eres experto en pataletas infantiles y lágrimas de cocodrilo.

Claro que te arrepientes:

de que se noten tus intenciones,

de verte cercado en tus mentiras y juegos,

de tus errores cuasi-perfectos al descubierto.

No cambias,

no hay huella de dolor por tus actos, en ti.

Quizá si te hubiera mirado más,

observado más,

oído más

y escuchado menos.

Las palabras se las lleva el viento.

Eres *el flautista de Hamelin* de las emociones,

te llevas las que quieres y sueltas las que necesitas.

Si no hubiera seguido el ritmo de tu melodía,

si detrás de ese disfraz de pobre corderito

hubiera visto, entonces, las garras de lobo,

si en ese "todos van contra mí"

hubiese visto el menor atisbo de ti contra el mundo,

quizá, ahora no estaría rota por dentro,

con cicatrices

e intentando aprender cómo no volver a caer en tus juegos

en las manos de otros.

Porque a las tuyas tengo muy claro

que no vuelvo.

Objeto

Quieres arreglarlo

a toda costa.

Me quieres.

Me quieres tuya.

Sientes el llegar tarde a casa,

encontrarme dormida y sola en el sofá,

cansada de esperarte.

Has bebido,

pero lo sientes,

estás arrepentido,

te lamentas de no ser ese hombre perfecto

que tanto tiempo te llevó dibujar en mi mente.

No hay mejor forma de arreglar el amor,

que haciéndolo.

Pero hay un problema:

yo. Ya no quiero nada de ti;

nada

y menos eso

de ti.

Estás convencido de que es el camino que debemos seguir.

No te importan mis ganas y conoces mis miedos.

Te dan igual mis lágrimas,

"el amor se hace",

sentencias,

pero no así.

Y de una mala noche;

de la pena y la vergüenza

por la resistencia sin obediencia,

de quien se supone que te quiere,

llegaron las noches sin resistencia

y lágrimas contenidas, aunque dibujadas,

por supervivencia;

en la que me decidiste usar,

cual muñeca de trapo,

en nombre del amor.

Existiendo

No duermo.

No duermo si no es por cansancio.

No duermo.

Sé que estoy a salvo,

las puertas están cerradas

y tú estás lejos,

pero no duermo.

La oscuridad me hace vulnerable,

necesito luz.

He aprendido a dormir con la luz encendida

para, al menor ruido, abrir los ojos

y aferrarme a este mundo

en el que intento vivir alejándome de ti.

Así, si no te veo al abrir los ojos,

puedo volver a cerrarlos tranquila,

estando segura de que podré volverlos a abrir

a la mañana siguiente.

Has conseguido que aborrezca a la gente.

Que no sea capaz de estar en lugares abiertos,

en aquellos sitios donde se me escape de las manos

el poder visualizarte entre el tumulto.

Ya no sé lo que es ir a un centro comercial;

sentarme en la barra de un bar, de espaldas a la puerta;

salir de casa sin estar acompañada.

Vivo en constante estado de alerta,

si esto se puede llamar vivir.

No soporto que me toquen:

una simple caricia hace que broten mis lágrimas.

Has dejado rasgada de tal manera mi dignidad,

que huyo de cualquier situación

que pueda dar lugar a conocer a alguien,

por si me hace lo mismo.

Si tú, que me quieres,

me has tratado así,

qué no hará quien no.

No vale la pena

Ya pasó.

Comienza el primer día de tu nueva vida,

tiemblas, es normal,

llevas tanto tiempo sin tener tu vida en tus manos,

que te falta la respiración,

Es una responsabilidad enorme

¿qué vas a hacer con ella?,

bueno, no te preocupes,

llénate de cosas que hacer.

No es bueno pensar,

no estás preparada para ello:

Has sido valiente,

pero eres humana.

Déjate guiar por expertos y vete a terapia,

llama al teléfono que te han dado

y pide cita.

¿La semana que viene?

Claro, no necesitas tanto la ayuda

No duermes

ni comes

ni eres capaz de arrancar,

pero estás bien.

Llega el día

Y te espera la unidad de atención a las víctimas,

dónde,

en el juzgado, por supuesto.

El último lugar donde le viste,

el sitio en el que más terror pasaste,

al poner las cartas sobre la mesa.

Ahí, es donde mejor te vas a sentir

para abrirte y sanarte.

Sales rota de la sesión,

más consciente de todo

y con unas pautas de cuidado

ante las amenazas que pueda sufrir tu vida

por los restos de los restos, *amén*.

Pasan las sesiones

y, poco a poco, te vas componiendo.

Aprendes a manejar el sufrimiento,

que siempre va a estar ahí,

pero ahora sabes convivir con ello.

Ya no te paralizas,

caminas

y estas comenzando a vivir

con los ojos de un bebé,

viendo todo nuevo, de nuevo,

y la inteligencia emocional de un anciano.

Has soportado tales cargas,

que ahora entiendes lo verdaderamente importante.

Lo demás

aléjalo,

que bastante tienes ya.

Ya pasó.

Pero te pasó a ti

y a tantas otras,

se te pone la piel de gallina,

te has convertido en una cifra más,

por suerte no eres de las que salen en el telediario

ni vas con los pies por delante,

pero sí ves que hay más depredadores en la sociedad

de los que nunca imaginaste.

Te sabes afortunada

y tu saber es tu trébol de cuatro hojas

y tu castigo.

Tendrás que cerrar los ojos muchas veces

y obligarte a creer,

porque si no,

si piensas que detrás de cada corderito hay un lobo,

estarás sola para siempre.

Pero no lo estarás,

te tienes a ti

y, aunque no lo creas ahora,

conocerás

e incluso recuperarás, a muchas personas

que, realmente, te quieren.

Ya pasó.

Y procura, que no vuelva a pasar.

Ya, pasó.

Yo

ya

paso.

¡Vaya suerte!

Qué vergüenza.

Pobrecita, lo que has tenido que pasar.

Porque tú te dejabas, claro,

la culpa es tuya.

Mírate, denunciando a tu pareja.

      –¡Joder!–

Las cosas deben quedar en casa.

Pobre, ahora dónde irás;

va, no te agobies,

dan muchas ayudas a mujeres maltratadas,

tranquila, tienes la RAI (mientras exista orden de alejamiento)

¡Menuda suerte, cobrar sin paro!

Te arropan multitud de asociaciones;

el ayuntamiento y la junta ponen psicólogos a tu disposición;

terapia desde el juzgado;

todos te apoyan

o

no.

Aún no comprendes cómo siendo víctima

te tachan de verdugo.

Date tiempo

y no te importará sentirte ambas,

porque habrás sobrevivido.

Concíbete valiente y afortunada:

Puedes contarlo y hay quienes no.

¿Que tienes nuevas manías?,

no te preocupes, es supervivencia.

¿Que, cuando comienzas a rehacerte, vuelve

y te hace dudar?,

no ha cambiado, no te engañes.

No te dejes embaucar,

la cosa nunca volverá a menos del punto donde lo dejaste

y el listón estaba alto, si no, no habrías explotado.

Llegará el día en que no te importe,

cuando comiences a ver todo aquello que tu mente dejó oculto

para sobrevivir a la tortura del día a día.

Notarás un click, sin esperarlo,

en tu forma de pensar

y querrás vivir,

aferrarte a todo aquello que se te negó,

experimentar todo lo que te perdiste

y, sobre todo, sonreír de nuevo.

Te verás más guapa,

ahora cuidas de ti,

te sientes bien

y eso no solo lo notas tú,

sino todos.

Si consigues dejar atrás parte de tus miedos,

incluso te plantearás de nuevo el amor.

Déjate mimar,

pero no olvides tu pasado,

que sé que no podrás

y estarás aterrada cuando suceda,

pero no tiene por qué volver a suceder.

Has aprendido a base de mal

y esas heridas solo curan a base de bien

y dejando cicatrices inocultables.

La sociedad te dirá que saltes a la piscina

y tú te pararás en el borde,

serás consciente del peligro que implica

que te vean feliz.

Volverán los días de mirar a tu espalda,

de necesitar salir, si sales, acompañada

y del miedo;

sobre todo, los del miedo,

los del constante miedo.

Pero, siendo sincera,

esos no desparecen nunca,

porque tu piedra en el zapato

está ahí.

Tendrás días que no la notes,

días que te roce

y días que te duela,

pero no te engañes:

siempre estará ahí.

Malvive con ella

y en los instantes que puedas,

sé feliz.

Despierta

Marina Díez

016 ATENCIÓN A VÍCTIMAS DE MALOS TRATOS POR VIOLENCIA DE GÉNERO

El Ministerio de Sanidad, Servicios Sociales e Igualdad, por medio de la Delegación del Gobierno para la Violencia de Género, presta el Servicio telefónico de información y de asesoramiento jurídico en materia de violencia de género, a través del número telefónico de marcación abreviada **016**. Además, las consultas se pueden dirigir por correo electrónico al servicio 016 online: 016-online@msssi.es

Servicios ofrecidos:

- Atención telefónica y online
- Atención gratuita y profesional
- Atención las 24 horas del día los 365 días del año
- Atención consultas procedentes de todo el territorio
- Derivación de llamadas de emergencia al 112
- Coordinación de servicios similares de las Comunidades Autónomas
- Información a las mujeres víctimas de violencia de género y a su entorno sobre qué hacer en caso de maltrato
- Información sobre recursos y derechos de las víctimas en materia de empleo, servicios sociales, ayudas

económicas, recursos de información, de asistencia y de acogida para víctimas de este tipo de violencia

- Asesoramiento jurídico especializado, de 9 a 21 horas, de lunes a viernes, y de 12 a 20 horas los sábados, domingos y festivos
- Atención telefónica en 52 idiomas: castellano, catalán, euskera, gallego, inglés, francés, alemán, portugués, chino mandarín, ruso, árabe, rumano, búlgaro, tamazight y otros 38 idiomas a través de un servicio de tele-traducción.
- Derivación de llamadas realizadas por menores de edad al Teléfono ANAR de Ayuda a Niños y Adolescentes: 900202010

- Derivación de llamadas relacionadas con la trata de mujeres y niñas con fines de explotación sexual al teléfono del Ministerio del Interior: 900105090

  Las personas con discapacidad auditiva y/ o del habla pueden comunicarse con el 016 a través de los siguientes medios:

- Teléfono de texto (DTS) a través del número 900 116 016
- Servicio Telesor a través de la propia página web de Telesor. En este caso se precisa conexión a Internet. https://www.telesor.es (Teléfono móvil o PDA. En ambos casos se necesita instalar una aplicación gratuita siguiendo los pasos que se indican en la página)

- Servicio de videointerpretación SVIsual a través de la página http://www.svisual.org

Marina Díez

León, 1985

OBRAS PUBLICADAS

- **"Solo sonrisas y pensamientos"** Poemario (junio 2016)
- **"Poeta unidos"** EDICIONES CEREZO (2016) (coautora)
- **"Volar sin mariposas"** poemario VIVELIBRO (diciembre 2016)
- **"Por cuatro caminos"** (enero 2017) (coautora)
- **"Vive San Valentín"** poemario VIVELIBRO (febrero 2016) (coautora)
- **"Antología Olga Puente"** poemario (mayo 2017) (coautora)

COLABORACIONES

- Redactora en la revista "La Voz de Sopeña" desde 2000- actualmente

- Coordinadora en la revista **"La Voz de Sopeña"** desde 2012-actualmente
- Redactora jefe de la revista digital "Conecta León" (2012-2014)
- Integrante del grupo literario leonés **#Plataforma**
- Integrante del grupo literario **GA789**
- Ponente en el curso "autoedición" en la asociación A.J. Tempus (octubre 2016)
- Ponente en el curso de escritura creativa "de tu mente a tus líneas" de la Asociación G13 (noviembre 2016- enero 2017)
- Ponente en la Universidad de la experiencia (curso 2016-2017)
- Redactora en el fanzine **"Cezine"** (2017-actualmente)

www.marinadiez.net

Gracias

A mi familia, por apoyarme siempre. A todos los que habéis leído este poemario animándome a publicarlo. A mi niña, por darme alas. A mis pequeños grandes poetas y sus ganas de comerse el mundo. A Rosen (por tus cosas normales que para mí son preciosas). A mi nene, por escribirme cada noche ayudando a que volviera a brillar. A Esther, por creer más en mí que yo misma. A ti, por tener este libro entre tus manos. A las mujeres que conocí en octubre de 2016, porque estos versos son tan míos como vuestros. A Carlos Guerrero, sin él no habría tenido fuerzas para escribirlo. Y, sobre todo, a los que compartáis trocitos de este poemario para hacerlo llegar lo más lejos posible.

Solo espero que estas páginas sirvan para quitar vendas de los ojos ayudando a despertar.

Marina Díez

Printed in Great Britain
by Amazon